IL PATTO FORMATIVO

Imprinting del cambiamento

di Giovanna Alvaro ed Elisabetta Maier

AiFOS
Associazione Italiana Formatori ed
Operatori della Sicurezza sul Lavoro

Sommario

Prefazione

Nota introduttiva, o patto d'aula che dir si voglia

> *Quando insegni,*
> *insegna allo stesso tempo*
> *a dubitare su ciò che insegni.*
> (Jose Ortega y Gassett)

Quando AiFOS ci ha chiesto di scrivere un Quaderno sul tema del Patto Formativo abbiamo accettato subito con grande entusiasmo, perché riteniamo il tema assolutamente centrale nell'attuale dibattito sull'efficacia formativa nel campo della prevenzione dei rischi.

Nel collezionare le idee su cosa e come scrivere, abbiamo fin da subito concordato su due punti.

Innanzi tutto, quanto pochi siano ancora i contributi dedicati a questo tema, molti dei quali si configurano come brevi accenni nell'ambito di trattazioni su temi di più ampia portata (la progettazione didattica, la gestione delle dinamiche d'aula). Il nostro contributo non intende, né avrebbe senso in questa sede, offrire una *review* sistematica sull'argomento, né produrre un trattato scientifico. La sfida che abbiamo accolto è iniziare a dare un *corpus* a tanti pensieri frammentati reperibili in letteratura, integrandoli con le nostre convinzioni e, ovviamente, con la nostra esperienza d'aula.

Ci siamo poi chieste: come possiamo mettere a pieno frutto questa occasione? Come possiamo far sì che il Quaderno non diventi un mezzo di trasferimento di buoni contenuti, quanto piuttosto una vera e propria esperienza interattiva, collaborativa, generativa di riflessioni autoregolate, seppur *off-line*, con e dai nostri lettori?

La struttura che abbiamo quindi deciso di dare al presente contributo vuole evitare quanto più possibile quello che Watzlawick chiamerebbe *doppio legame*, per dare quanto più possibile congruenza tra le Cose scritte e il Come sono scritte.

Il lavoro da noi proposto è stato, dunque, impostato secondo alcune precise finalità:

- favorire l'attivazione dell'auto-motivazione del Lettore, chiamandolo a prendere parte attiva alla discussione;

- integrare l'approccio puramente cognitivo-razionale ad uno invece emotivo relazionale, offrendo un'alternanza dinamica tra momenti teorici di riferimento e momenti di riflessione soggettiva;

6

- orientare verso l'autoregolazione dell'apprendimento, proponendo anche piccoli esercizi da fare in autonomia.

Ci auguriamo che l'impostazione sia sufficientemente destabilizzante, poiché questo *sentiment* è il nostro presupposto e fa riferimento a molti dei concetti che troverete espressi nel prosieguo della lettura. Invitiamo, dunque, il Lettore a NON LEGGERE il presente contributo, quanto piuttosto a CRITICARE le proposte che troverà nel corso della lettura, ponendosi domande a riguardo e ricercando le proprie risposte.

Presentiamoci

Le due principali regole
che stanno alla base della vita stessa sono:
1) il cambiamento è inevitabile
2) tutti cercano di resistere al cambiamento.
(Deming William Edwards, guru della qualità)

Buongiorno, siamo Vanna ed Elisabetta, e staremo con voi per il tempo necessario a condividere alcune riflessioni che ci hanno accompagnato in questo nostro approfondimento sul Patto Formativo.

Ma prima di iniziare chiediamo anche a voi una riflessione su questo argomento, e vi invitiamo a scrivere almeno 5 motivi per i quali ritenete poco utile cambiare il vostro modo attuale di dare avvio alle vostre lezioni.

1...... ... ...
... ...
... ...

2...... ... ...
... ...
... ...

3... ... ...
... ...
... ...

4... ... ...
... ...
... ...

5... ... ...
... ...
... ...

Nota dell'Editore:
Prendete sul serio quello che state facendo. Fate uno sforzo, su voi stessi, e scrivete nelle righe bianche i 5 motivi.
Se non lo fate vi perdete un pezzo del percorso: se lo fate - come dicono le nostre autrici - scriverete anche voi alcune pagine di questo libretto.

1. FORMARE CAMBIANDO, CAMBIARE FORMANDO

Se vogliamo che tutto rimanga come è, bisogna che tutto cambi.

(Tancredi Falconieri, nipote del Principe Fabrizio, ne "Il Gattopardo" di Giuseppe Tomasi di Lampedusa)

Più volte viene richiamata all'attenzione di tutti la responsabilità, assegnata a noi Operatori e Formatori impegnati sui temi della prevenzione e della protezione, di lavorare con il fine ultimo di tendere alla creazione di una reale Cultura della Sicurezza.

Tale Cultura dovrebbe essere in grado di agire e diffondersi tra i Lavoratori e i Manager di Aziende di qualunque dimensione e struttura organizzativa, e operanti in qualsiasi comparto produttivo.

È opinione comune che tale obiettivo possa essere raggiunto essenzialmente intervenendo in maniera mirata sugli uomini, unico fattore imprevedibile del processo, e sui loro comportamenti.

È anche opinione comune che tutto questo potrebbe essere molto favorito ottimizzando la realizzazione della Formazione Obbligatoria in ambito Sicurezza, in particolare mediante una strutturazione più puntuale delle diverse fasi del processo formativo, fino a rendere la formazione stessa "effettiva" e non solo "cogente".

L'effettività della formazione è un termine sempre più richiamato dal Legislatore e di conseguenza sempre più ricercato tra gli addetti ai lavori.

Il Procuratore Dr. Raffaele Guariniello della Procura di Torino ricorda sovente nei suoi interventi il problema della effettività della formazione, che in nessun modo può ritenersi compiuta mediante un mero adempimento burocratizzato che avvenga attraverso la consegna di manuali o altri materiali, anche se debitamente firmati dai lavoratori.

Ricorda[1] a tal proposito come la Cassazione del 11/9/2012 abbia stabilito che il datore di lavoro debba avere necessariamente cura del bene costituzionalmente garantito e quindi non solo debba formare i lavoratori sulle regole antinfortunistiche, ma anche controllare sino alla pedanteria che queste regole siano realmente assimilate dai lavoratori anche nelle normali e quotidiane prassi di lavoro.

Ma in concreto come creare cultura e rendere effettiva la Formazione alla Sicurezza?

Sviluppare una cultura della Sicurezza significa, diremmo semplicemente ma non

---

[1] Convegno sul tema: Sicurezza sul Lavoro – Formazione dei Lavoratori. *Cervia, 12 febbraio 2013.*

semplice, diffondere e infondere un insieme di saperi, consapevolezze e buone pratiche, attraverso le quali il comportamento *sicuro* diventi effettivamente acquisito e interiorizzato come un *atteggiamento spontaneo* capace di orientare e motivare l'agire quotidiano.

Un assunto di base quindi accettato e fatto proprio, nella parte più profonda del sé, prima individualmente e poi collettivamente.

Proprio la dimensione collettiva e sociale di ogni interazione umana, soprattutto di quella finalizzata all'apprendimento e al cambiamento, è un elemento da considerare e valorizzare, perché atto a creare il *valore aggiunto del confronto* e dell'allargamento della propria visione settoriale del mondo.

Infatti, in Formazione, è proprio il Gruppo ben formato e ben condotto l'elemento determinante all'interno del quale far agire la leva del cambiamento cognitivo e comportamentale.

Il facilitatore-formatore avrà il compito pertanto di creare il migliore presupposto per il passaggio dalla *zona individuale di comfort*, basata sul "sempre fatto e sempre pensato", alla *zona individuale di apprendimento,* dai confini imprecisati e mutevoli (essendo questi stessi confini condizionati da stati soggettivi e da altre e molteplici variabili).

È noto in sostanza come le stesse dinamiche ed i processi di influenza attivati nel gruppo di riferimento rappresentino proprio le

12

determinanti fondamentali del comportamento individuale.

Ed è pertanto proprio partendo da tale presupposto che riteniamo fondamentale assegnare una particolare attenzione alla dimensione sociale, anche nei momenti di apprendimento.

Se la consapevolezza infatti cresce proprio rispetto a relazioni significative, essa allora diventa il risultato preciso di una combinazione fluida e condivisa di esperienze, valori e informazioni contestuali che orientano a loro volta verso l'assimilazione di nuove conoscenze[2].

Per un Formatore mirare a costruire i paradigmi per una formazione collaborativa e partecipata significa dunque porre le basi per un effettivo *contagio* post-corso.

Significa attivare un effetto *rebound,* con vere "esplosioni di sapere", in cui le occasioni di apprendimento possano propagarsi fuori dalle cinta dell'aula di formazione ed aldilà del *docente* stesso.

Tuttavia solo il riconoscimento e la mobilitazione delle dinamiche di gruppo giocate in aula può facilitare o addirittura generare nuovi modalità di pensiero e di azione.[3]

---

[2] Sorrentino F., Paganelli F. (2006) *L'intelligenza distribuita. Ambient intelligence: il futuro delle tecnologie invisibili.* Centro Studi Erickson.

[3] Ricordiamo naturalmente che queste dinamiche hanno sempre origine nei contesti familiari, sociali ed aziendali

La formazione è cambiamento, abbiamo detto più volte: e a nostro parere questo cambiamento può avvenire e si mantiene solo per contagio, *peer to peer*.

Da quanto detto deriva l'invito a considerare la prima fase di creazione e conoscenza del gruppo-aula, il cosiddetto "Patto Formativo", come una vera e propria unità didattica, soggetta pertanto ad una rigorosa progettazione.

Al contrario di quanto sperato, ad oggi non di rado capita piuttosto di assistere a corsi nei quali non solo il Patto formativo non viene adeguatamente agito, ma addirittura neanche viene esplicitato il Patto d'aula e le regole che governeranno l'incontro!

La sottile distinzione interpretativa da noi data a questi due termini apparentemente univoci verrà successivamente dettagliata.

Iniziamo intanto con il dire che il Patto Formativo rappresenta indubbiamente il momento fondamentale in cui attivare tra i diversi partecipanti l'assunzione delle corresponsabilità.

Si tratta probabilmente della fase più delicata per il formatore, che in risposta potrà ottenere il più convinto accreditamento da parte del gruppo, che lo riconoscerà come guida indi-

---

dei partecipanti, a noi quasi mai noti; il clima di fiducia e di disponibilità creato in aula avrà anche l'obiettivo di "mostrare" parti di sé nascoste. [NdR G. Alvaro]

scussa nel prosieguo del percorso formativo, ovvero essere subìto dal gruppo stesso come professionalità, non eccellente e non rifiutabile, imposta dall'Azienda.

La cura con cui verrà definito e condotto questo primo momento condizionerà pertanto tutte le successive fasi e la condivisione dell'intero percorso finalizzato al cambiamento di prospettiva.

1.1. I paradigmi di riferimento

Liberté, Egalité, Fraternité.
(Club parigini, 1789)
Cfr. Treccani.it

A conclusione della nostra premessa riteniamo opportuno dichiarare i paradigmi di riferimento del nostro pensiero, i punti cardine che abbiamo condiviso e che ci hanno guidate nel nostro lavoro di approfondimento e di progettazione:

ogni formazione porta cambiamento:
- una formazione che non sia in grado di generare cambiamento riteniamo non risponda ai requisiti di effettività sopra accennati

come essenziali; di converso ogni cambiamento presuppone a nostro parere necessariamente un'attività formativa, non sempre
e non necessariamente realizzata in aula,
ma che comunque traghetti all'interno della
zona di apprendimento;

mentre le persone cambiano, le organizzazioni
apprendono:

- lo scambio di conoscenze e il cambiamento
  che si realizza tra i singoli individui, in aula, viene (o dovrebbe essere) trasferito
  all'interno della propria organizzazione di
  riferimento. È così che essa apprende e di
  conseguenza realizza il successivo cambiamento organizzativo;

il cambiamento vive di interazione, il gruppo
vive di cambiamento:

- l'interazione tra i partecipanti e il formatore
  è dinamica e soggetta a dinamiche; queste
  dinamiche psicologiche seguono leggi precise che il formatore deve conoscere, pa-
  droneggiare, favorire.

l'*apprendimento è collaborativo*:
- la dimensione generativa e rigenerativa dell'apprendimento risiede e si alimenta nel gruppo aula;

da formatore a facilitatore:
- colui che desidera dedicarsi alla Formazione degli adulti dovrebbe porsi sempre la finalità più alta di facilitare il processo di apprendimento, accompagnando il singolo, e il gruppo nella sua unità, alla ricerca del proprio apprendimento.

Il facilitatore-formatore dovrebbe al contempo riuscire a passare senza riserve e sen-za reticenze dalla propria zona di comfort a quella di apprendimento, per partecipare esso stesso al processo di cambiamento continuo;
- *il dèutero-apprendimento*:
  questa parola difficile e misteriosa sottintende in realtà il fine ultimo, il più elevato e il più delicato da conseguire: il secondo apprendimento (dal greco δευτεροσ).

Non basta imparare, aggiungendo altri saperi ai saperi già consolidati, ma diventa essenziale imparare ad imparare, per trasformarci da "collezionista" di sapere in "stimolatore" di sapere (per sé e per gli altri), rendendoci capaci di apprendere e di far apprendere per tutta la nostra vita.

Questa capacità ci permetterà di rinnovare noi stessi e le nostre conoscenze ogni volta che riterremo questo importante, in relazione al nostro percorso personale di apprendimento, ricapitalizzando o modificando il Sapere precedente.

Secondo tale impostazione l'acquisizione di conoscenze non avviene quindi, come la formazione tradizionale suggeriva, "una volta per tutte" nella vita, ma mediante un continuo apprendimento, come suggerito dall'approccio *lifelong learning* basato su un concetto di educazione volto alla crescita globale della persona nel fondamentale rapporto con gli altri.

Tale impostazione, come ricorda Gabriella Aleandri,[4] rimanda ad un'idea di uomo in grado di svolgere compiti sempre più complessi, in un'acquisizione mai conclusa di conoscenze, competenze, abilità, secondo i "quattro pilastri" dell'educazione delineati da Jaques Delors[5]:

- imparare
- imparare a fare
- imparare a convivere
- imparare ad essere.

[4] G. Aleandri (2011) *Educazione permanente nella prospettiva del lifelong e lifewide learning.* Roma, Armando Editore.

[5] Jaques Delors (2000) *Nell'educazione un tesoro*, Roma, Armando Editore. E'stato uno dei più importanti e significativi Commissari dell'Unione Europea.

Imparare ad imparare diventa l'ultimo dei fattori evidenziato dalla attuale learning society.

L'approccio lifelong learning sopra citato si fonda e si confonde con il concetto di apprendimento in età adulta (andragogia).

L'individuo è responsabile in toto di ciò che apprende, del modo in cui apprende e della situazione e del contesto in cui sceglie di realizzare il proprio apprendimento.

Ad esso viene richiesta dunque la capacità di gestire la propria conoscenza in maniera cosciente e critica, sia nell'apprendimento formale che in quello informale.

Ci sembra interessante, attraverso il racconto di una situazione realmente accaduta in aula, evidenziare come a volte proprio una rilettura "diversa", ancorché errata dal punto di vista formale, possa sollecitare riflessioni curiose e innovative: in uno degli ultimi corsi da noi tenuto è successo che un partecipante, nell'affrontare il tema del deutero apprendimento, leggendo il termine abbia erronea-mente posto l'accento al posto sbagliato, (deùtero invece che dèutero): il termine stesso, si era magicamente trasformato in *De Utero*.

Noi formatori potevamo decidere semplicemente di evidenziare l'errore nella lettura (*sottotitolo: tu, piccolo partecipante non sai neanche cosa sia il Deutero apprendimento.... che ci fai qui?*) oppure utilizzare questo geniale

19

e inatteso cambiamento di prospettiva per far sì che esso confluisse nel gruppo, favorendo altri approfondimenti (*sottotitolo: che bravo! Hai scoperto una cosa alla quale non avevo mai pensato... regaliamo questa tua intuizione al gruppo!*).

La rilettura ad opera del Formatore nel contesto accennato, ha pertanto evidenziato come in realtà il Deutero Apprendimento rimandi certamente a qualcosa che si genera all'interno della propria **parte più profonda**, interconnettendosi con la **nascita** non solo di nuovi saperi ma anche di nuove proprie verità e convinzioni, come già Socrate insegnava con la sua **Maieutica**[6].

Grande diventa allora la responsabilità del formatore nell'aiutare il singolo, nel gruppo, a far nascere la propria verità e le proprie convinzioni, perché ogni nuovo sapere, ogni nuova riflessione dovrà trovare un posto preciso nella precedente personale visione del mondo, in modo tale che essa si integri e si sviluppi senza generare distonia o peggio ancora stress.

Il formatore-facilitatore diventa perciò una guida che indica una strada, percorrendola esso stesso attivamente, decidendo in tempo reale se opportuno suggerire percorsi alternativi

---

[6] Platone (1967) *Opere,* vol. I, Laterza, Bari, pagg. 276-279 - *Teeteto,* 149a-151d

o apparentemente più lunghi o tortuosi, se il viaggio lo indica come necessario.

*Senza mai tuttavia perdere di vista
la meta finale.
Affinché si giunga ad essa
ognuno secondo le proprie caratteristiche,
risorse, strumenti.*

1.2. Conoscenza, fiducia, collaborazione

*Ritrovarsi insieme è un inizio,
restare insieme è un progresso,
ma riuscire a lavorare insieme è un successo!*
(Henry Ford)

La fase dedicata alla creazione del *patto formativo* è da intendersi quindi non come un mero contratto tra i partecipanti su come affrontare il corso nel reciproco rispetto, individuando delle regole di comportamento (a tale aspetto specifico noi diamo il nome di *patto d'aula*), bensì come una base strutturale di riferimento sulla quale condividere la reciproca disponibilità a favorire un clima adatto *supportare* e *far crescere* il gruppo nelle sue varie fasi.

Tutto il gruppo stesso, sotto la guida attenta e consapevole del Formatore, diventerà pertanto un *contenitore* capace di accogliere e

21

custodire quanto in esso verrà condiviso e donato.

Ma, forse vi state chiedendo, perché un partecipante dovrebbe accettare di mettersi in gioco e farsi conoscere da chi non ha mai visto prima? O ancora, perché dovrebbe decidere di farlo con colleghi della stessa azienda con i quali magari ha nutrito in passato sentimenti contrastanti?

E perché mai dovrebbe poi accettare e condividere questa impostazione che considera la Formazione come un processo così tanto complesso e delicato, da rendere necessario il superamento da un approccio puramente cognitivo-razionale ad uno invece emotivo relazionale?

È proprio nella creazione di questo clima di disponibilità reciproca che il formatore–facilitatore svolge il suo primo ruolo essenziale, che determinerà poi il successo o meno di quanto andrà in seguito realizzato.

Senza una sua azione mirata in tal senso, le precedenti domande non troverebbero probabilmente nessuna motivazione valida per le quali varrebbe la pena provare questo nuovo approccio.

A tal fine sarà opportuno che il Formatore spieghi al gruppo che l'esperienza proposta è basata anche e soprattutto sulla relazione, come a nostro parere ogni efficace azione formativa dovrebbe necessariamente prevedere.

Il "quantum" relativo alla disponibilità dimostrata sarà naturalmente determinato dal lavoro di *accoglienza* e *protezione* che il Formatore sarà in grado di agire e far percepire ai partecipanti coinvolti.

Una formazione di successo deve avere pertanto l'obiettivo di costruire connessioni con e tra tutti i partecipanti.

1.3. Il superamento della lezione frontale

Trovare non è niente.
Il difficile è aggiungere a se stessi
quello che si trova
(Paul Valéry)

Sembrerebbe, da quanto detto e sperimentato sul campo, che il trovare nuovi contenuti da apprendere non sia affatto difficile, ed in verità questa finalità non giustificherebbe forse neanche la strutturazione di un'aula di formazione; per tale scopo potrebbe essere sufficiente una accurata lettura di un libro, o un momento di approfondimento in convegni o congressi.

Dove sta allora la difficoltà di apprendere e di cambiare - se ipotizziamo che

23

l'apprendimento non possa prescindere dal cambiamento di comportamento? La difficoltà sembrerebbe risiedere nell'assimilare totalmente il nuovo che entra in noi, nell'integrarlo nei nostri schemi, atteggiamenti, nel nostro sistema di valori, nelle conoscenze pregresse e nelle proprie abitudini.

Uno degli obiettivi primari del bravo formatore è pertanto quello di far comprendere ai partecipanti che in aula è possibile giocare e mettersi in gioco, perché *l'aula è uno spazio protetto gestito da un formatore abile e formato a tal proposito.*

Per questo motivo e per quanto anche sopra detto riteniamo che fare formazione implichi un concreto superamento della lezione frontale.

Concetto fondamentale è quello di considerare sempre, e su questo basare ogni possibile azione, che ogni singolo partecipante arriva sempre in aula con la sua particolare *mappa cognitiva.* La mappa cognitiva[7] riassume in sé variabili innate e acquisite; ed è scontato che, rivolgendosi la nostra azione formativa soprattutto agli adulti, avremo per lo più a che fare con mappe molto strutturate, cresciute, e di per sé, se da un lato composite, dall'altro potenzialmente autolimitanti.

---

[7] Bandler – Grinder (1981) - La struttura della Magia, Astrolabio,

È da questa visione ristretta che, ahinoi, traggono origine gli stereotipi, le cattive abitudini, gli atteggiamenti fissi e immutabili, i modi di vedere, di sentire e di percepire sempre uguali a sé stessi, le visioni ottuse e autolimitanti.

E noi sappiamo quanto sia proprio questo elemento a costituire l'antitesi delle *best practce* in ambito prevenzionistico.

Per fare davvero formazione quindi, ovvero per attivare un processo di cambiamento interno capace di motivare tutti i partecipanti ad adottare in futuro adeguati comportamenti, virtuosi e perciò sicuri, è necessario allora superare in aula alcuni ostacoli: le resistenze al cambiamento (con i diversi fattori - individuali e sociali - in grado di attivare tali resistenze) o le dinamiche di apprendimento proprie degli adulti, spesso difficili da riconoscere ed utilizzare proficuamente.

È evidente dunque come non si possa prescindere dalla rappresentazione individuale delle situazioni e della realtà delle cose nel momento in cui ci si appresti a insegnare nuovi saperi, nuovi comportamenti e ancor più nuove modalità di pensiero.

Solo quando l'integrazione tra nuovi saperi e vecchie credenze avviene in maniera fluida e senza traumi si rende possibile l'ampliamento e l'arricchimento necessario per un cam-biamento accettato e consapevole. Tale aspetto verrà sottolineato in seguito, quando affronteremo i concetti di comfort, learning e panic zone.

Noi riteniamo che alla formazione sia data la possibilità di diventare un importante supporto alla *sopravvivenza* di ogni individuo di fronte all'inatteso e all'imprevedibile, mediante il rinnovamento della propria visione del mondo, del proprio lavoro, del proprio ruolo.

Ma questo auto-sviluppo è un processo faticoso, perché attiva una serie di resistenze emozionali e di paure possibili.

Per tali motivi quindi riteniamo che la tradizionale lezione magistrale non sia più efficace, e vada ridisegnata ampliandola e rendendola più complessa, utilizzando tutti gli strumenti a disposizione per supportare, motivare, rinforzare i cambiamenti che vadano nella direzione identificata come obiettivo formativo.

In conclusione, poiché sembra che il difficile sia proprio aggiungere a sé stessi e ampliare la propria visione delle cose, diventa cruciale per un Formatore stimolare la capacità nei partecipanti di divenire realmente PROTAGONISTI del proprio apprendimento, non più dipendenti dalla bravura o sapienza del docente bensì dalla propria *capacità di riorganizzare ogni nuovo stimolo* all'interno del proprio bagaglio di crescita, seguendo il modello di deutero apprendimento proposto da Beateson[8] o i livelli di conoscenza di Watzlavich[9].

L'apprendimento collaborativo si basa su questi presupposti.

1.4. Auto-sviluppo e Apprendimento Collaborativo

> *Innanzitutto dì a te stesso*
> *chi vuoi essere;*
> *poi fa ogni cosa*
> *di conseguenza.*
> (Epitteto)

Albert Camus affermava che "Girando sempre su se stessi, vedendo e facendo sempre le stesse cose, si perde l'abitudine e la possibilità di esercitare la propria intelligenza. Lentamente tutto si chiude, si indurisce e si atrofizza come un muscolo"[10].

Eppure non è facile cambiare. Generalmente l'essere umano tende con difficoltà a

---

[8] Bateson G., "Verso un'ecologia della mente", Adelphi.
[9] Watzlawick P., "Pragmatica della comunicazione umana", Astrolabio.
[10] Albert Camus, romanziere, filosofo e drammaturgo francese (1913-1960).

modificare sé stesso anche in situazioni di estremo disagio e difficoltà.

Figuriamoci allora quanto esso desideri farlo quando apparentemente il "fin qui realizzato" non abbia fatto scaturire alcun evento avverso o negativo.

Grace Hopper[11], che certo non è una psicologa o un'umanista, ritiene che *la frase più pericolosa in assoluto sia: "Abbiamo sempre fatto così"*. Eppure quante volte nelle aule da voi curate avete sentito ripetere il mantra: "Perché cambiare? Ho fatto sempre così...!?".

Ecco, noi riteniamo che trovare una valida e convincente risposta a questa domanda sia e debba essere l'obiettivo ultimo del nostro lavoro di Formatori, a prescindere dalla lezione tenuta o dai contenuti di nostra pertinenza.

Il formatore dovrà prendere per mano ogni partecipante, in un certo senso "prenderlo in carico", e portarlo assecondando il cammino di ognuno in base alla velocità dei passi, alle pause necessarie, ai tempi di partenza.

Qualcuno rimarrà sulla linea di partenza per un po'ad osservare, qualcun altro, più avvezzo o più disponibile, non vedrà l'ora di partire. Il formatore dovrà osservare attentamente tutti e calibrare ogni suo intervento, con la fer-

---

[11] Matematica, Progettista di Sistemi e Militare statunitense (1906-1992).

ma convinzione che sia essenziale rispettare ogni singola espressione, anche quelle più scomode, e che forse proprio il più diverso da noi potrà far crescere le nostre esperienze e la nostra realtà.

Ma questo significa che *la formazione deve in primis sconvolgere*, per *generare* quella condizione di *confusione*, di destabilizzazione, che sola può *favorire l'uscita dalla zona di comfort* del "Io so, e quel che so è talmente valido da non avere necessità di cercare altro".[12]

1.5. *Accoglienza e comfort-zone*

> *Le barche nel porto sono al sicuro,*
> *ma non per questo sono state costruite"*
> (William Shed)

Il patto d'aula iniziale governa l'accoglienza e le regole del gioco. Ma tale fase determina e favorisce anche il *contratto* effettivo con i partecipanti, che tuttavia viene accolto pienamente e siglato solo successivamente,

---

[12] "Così come il caos tumultuoso di un temporale porta una pioggia nutriente che consente alla vita di fiorire, anche nelle vicende umane i momenti di progresso sono preceduti da momenti di disordine. Il successo arride a coloro che sono in grado di resistere alla tempesta". (I Ching)

quando le dinamiche dell'aula si attivano e si approfondiscono, si chiariscono le metodologie e i contenuti del corso, e il docente facilitatore mantiene le premesse introdotte all'apertura.

Prima che tutto questo avvenga il gruppo vive una fase di assestamento: tutto viene interpretato e accettato con riserva, in una sorta di "annusamento" iniziale nel quale si decide se valga la pena essere lì e se tutto ciò abbia un senso preciso.

Immaginiamo dei cerchi concentrici dove ogni linea divisoria (ogni circonferenza) indichi da un lato il confine di delimitazione di un'area ma dall'altro anche la linea di inizio dell'area confinante.

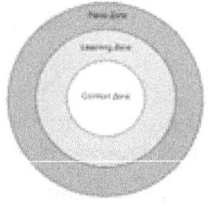

A comfortzone is a beautiful place, but nothing ever grows here.
(Anonimo)

Ogni confine pertanto può essere immaginato come una porta chiusa o aperta sul nuovo.

Il cerchio più interno, più piccolo e racchiuso, protetto nel proprio guscio, è la nostra zona di comfort: stiamo bene lì, protetti nelle nostre convinzioni e consuetudini. Nulla di non già noto può accadere fin quando non ci muoviamo. Vi rimango rilassato, forse a volte un po'annoiato o demotivato ma rilassato.

Il cerchio più esterno, molto grande e confinante con l'assoluto, è la zona che potenzialmente può farci paura, è la nostra zona di panico, a volte di terrore.

Lì ci arrivo quando una nuova esperienza è troppo forte, improvvisa, destabilizzante, stressante.

Non ci vorrei arrivare mai in questa zona, perché non ho sufficienti risorse per fronteggiarla (risorse, che sono comunque soggettive, temporali e fortunatamente per questo cangianti).

Ed in mezzo a queste due zone, sufficientemente protetta e sufficientemente ampia, si colloca la zona nella quale posso apprendere senza troppi timori, anche se a volte un pizzico di adrenalina o di confusione accompagna le nuove scoperte.[13]

---

[13] Ma allora…se i confini tra queste zone sono soggettivi, flessibili e permeabili, anche il bravo formatore dovrà essere a sua volta flessibile e soggettivamente capace di avviare e mantenere un dialogo specifico con ogni partecipante?! Non sembra facilissimo ma sicuramente abbastanza entusiasmante da consentire una piccola trasferta dalla zona *di confort del nostro essere un bravo formatore tradizionale!* [NdR G. Alvaro].

Se ricordiamo come il fine ultimo di ogni formatore sia quello di condurre il proprio allievo nella sua *learning zone* e non nella *panic zone,* il cui confine diventa labile qualora non si riesca a gestire l'ansia naturale del cambiamento, va da sé allo stesso tempo che la learning zone non si realizza se non uscendo dalla propria *comfort zone.*

2. GLI ASSI DEL PATTO FORMATIVO

*Il segreto non sta nella soluzione,
ma nel processo che ha occupato la
mente*
(Tiziano Terzani)

La modalità con cui un formatore avvia il proprio corso ed inizia la lezione condiziona il lavoro di tutta la giornata, diventa quindi un momento non solo importante ma determinante, andando ad incidere non solo sul piano del contenuto, ad esempio l'agenda della giornata, ma anche e soprattutto sul piano del processo - l'interazione tra partecipanti e formatore - e della posizione assunta da ognuno nel gruppo.

Finalizzata a predisporre i partecipanti all'ascolto attivo e al lavoro di gruppo come strategia didattica, una buona apertura d'aula, sia essa svolta con esercizi di riscaldamento o tecniche di presentazione del gruppo o qualsivoglia altra attivazione, dipende infatti moltissimo dalla gestione del processo e dalle posizioni che il formatore riesce a tenere, oltre che dal suo contenuto.

È importante sottolineare come la modalità di apertura prescelta non sia arbitraria, univoca o indiscussa, ma vada ricercata e costruita di volta in volta in relazione alle caratteristiche del gruppo, del quale sarà possibile peraltro solo farsi un'idea sulla base delle informazioni ottenibili preliminarmente all'inizio del corso (età, esperienza, provenienza, aspettative, ad esempio).

Quanto detto presuppone due aspetti essenziali: la capacità, richiesta al docente, di rischiare (ma non di essere un kamikaze), e subito dopo la capacità di ri-orientare in tempo reale quanto agito, sulla scorta dei feedback ricevuti.

Ecco che una maggiore attenzione e tensione verso l'apertura d'aula consente al formatore di agire sui partecipanti quell'azione maieutica e introspettiva grazie alla quale rendere possibile l'attivazione di un processo di individuazione, riflessione e trasformazione dei propri atteggiamenti profondi, atteggiamenti che prima disorientano e poi ri-orientano verso confini più ampi.

Sarà pertanto possibile realizzare un accrescimento della conoscenza e della consapevolezza non "in verticale", aggiungendo scaffali nella nostra libreria cognitiva, ma "in orizzontale", allargando i confini che proteggono ma imprigionano, aprendo il recinto che ci consente di passare dalla nostra zona di confort alla zona dell'apprendimento.

Il patto formativo quindi agirebbe essenzialmente su tre assi:

- Contenuto: cosa devo dire o fare per avviare un corso di formazione;
- Processo: a chi sto parlando e come mi sto esprimendo;
- Posizione: chi sono io qui, mentre faccio tutto questo.

2.1. Contenuto

*Molte persone credono di pensare
ma in realtà stanno solo
riorganizzando i loro pregiudizi.*
(William James)

Il contenuto è la *carta costituzionale* del lavoro che andremo a svolgere. Rende chiare ed univoche le regole del gioco.

All'inizio del modulo il formatore identifica alcuni concetti importanti e li condivide, favorendo una riflessione plenaria. Si gettano quindi le basi per predisporre un contesto di apprendimento[14]. Successivamente il formatore definisce l'agenda; indica, cioè, gli argomenti e le attività che intende trattare e in quali tempi.

---

[14] Domande di esempio: è possibile ancora crescere per un adulto? E'possibile ancora imparare per persone di grande esperienza, come voi? [NdR]

La presentazione dell'Agenda è il primo atto del percorso formativo, che sottolinea l'importanza e il significato dei vincoli fissando le regole dell'interazione formatore/allievi. Inoltre previene eventuali situazioni di conflittualità emerse per una scarsa comprensione da parte dei partecipanti dell'offerta complessiva formativa.

È la prima occasione, in sostanza, per sperimentare la reciprocità e caratterizzare il sistema relazionale.

Per presentare l'Agenda si può utilizzare qualsiasi supporto; normalmente viene adoperata la lavagna a fogli mobili o il cartellone.

Il *Patto Formativo*, a livello di *Contenuto*, definisce e rende noti:

* Obiettivi didattici
* Articolazione del corso
* Metodologie
* Ruolo e partecipazione dello staff
* Informazioni organizzative

Ma soprattutto, in maniera trasversale, consente il lavoro parallelo sul *Processo*. In maniera paradossale e provocatoria potremmo anche affermare che il *Contenuto* funge proprio da stimolo "verbale" per costruire intorno al gruppo i presupposti necessari alla buona convivenza e alla reciproca soddisfazione.

2.2. Processo

L'esperienza non è ciò
che succede a un uomo,
ma quello che un uomo realizza
utilizzando ciò che gli accade
(Aldous Huxley)

Il Processo si occupa dell'UOMO. Formatore e Partecipanti: IO e TE. Nella buona convivenza e reciproca soddisfazione.

Come detto precedentemente, il Formatore dovrà occuparsi con cura di attivare un contesto relazionale adeguato, prevedendo che qualcuno potrebbe essere disorientato dalla nuova situazione in cui sta entrando.

L'attività di conoscenza reciproca e la modalità realizzativa di tale fase dovrà pertanto essere intesa non come un banale momento in cui si dicono i propri nomi, che saranno dimenticati dopo dieci minuti, quanto piuttosto come uno step formativo nel quale sperimentare, in relazione al gruppo aula, tecniche e metodologie adatte al "riscaldamento" iniziale.

Occuparsi del Processo significa affrontare in aula:
• Presentazione del gruppo
• Aspettative e motivazioni
• Bisogni e obiettivi di auto-sviluppo

Il formatore si impegnerà in questa fase a ricercare un'*alleanza generativa* con i partecipanti, facendo sentire ognuno di essi speciale e compreso.

Attuare un'alleanza generativa significa tirar fuori la parte più viva ed interessante di ognuno, riconoscere e depotenziare gli aspetti conflittuali, entrare in un rapporto di empowerment, aiutando il partecipante ad attuare un salto di qualità benefico.

Il vero cambiamento inizia la prima volta in cui riusciamo a dialogare con persone che, a nostro giudizio, stanno facendo qualcosa di sbagliato.[15]

2.3. Posizione

> *La conoscenza del prossimo*
> *ha questo di speciale:*
> *passa necessariamente*
> *attraverso la conoscenza di se stesso.*
> (Italo Calvino)

In tutto quello che farà, che dirà, che agirà, *il Formatore deve sempre essere credibile*.

Per realizzare questo importante obiettivo è bene che attui egli stesso in prima persona

---

[15] Jane Goodall – etologa e antropologa.

tutto quanto andrà a chiedere di lì a poco al suo Gruppo.

Dovrà essere sempre *centrato su sé stesso* - nel senso della consapevolezza e non dell'autoreferenzialità - connesso con le proprie potenzialità e criticità, assumendo di volta in volta la *prima posizione*: sono in me stesso e ti osservo, *la seconda posizione*: mi metto in te e ti comprendo o la *terza posizione*: guardo dall'alto la situazione per capire cosa mi sta sfuggendo, ed intervenire in tempo reale accogliendo positivamente i feedback, anche quelli "negativi".

La terza posizione è soprattutto utile in situazione di "crisi" di gestione in aula, quando la situazione sfugge di mano e non sappiamo più come agire.

È una posizione dissociata che ci consente di venir fuori dall'emozione che potrebbe fuorviarci o indebolirci nella risposta.

Guardando dall'alto quello che sta succedendo, come se fossimo spettatori e non attori di un film, possiamo renderci conto non solo di come il nostro interlocutore si muove e agisce ma anche delle nostre risposte, capire se stiamo gestendo al meglio la situazione, renderci consapevoli di come la nostra emotività si stia manifestando, o la nostra voce stizzendo, o ancora di come la nostra postura ci stia difendendo.

L'attenzione e la cura a questo livello richiede al formatore stesso di uscire anch'egli dalla propria comfort-zone, e di farlo dal primo momento[16]

Concludiamo questo paragrafo con una riflessione su quanto sia altrettanto importante gestire oltre all'apertura anche la fase di chiusura dell'incontro formativo. I partecipanti devono essere accompagnati nella rilettura di quanto avvenuto e nella trasposizione degli apprendimenti all'interno del proprio contesto personale e professionale.

È in questo momento che il Formatore dovrà accompagnare il Suo Gruppo verso l'assunzione di una particolare consapevolezza: il ruolo attivo giocato da ciascuno rispetto al proprio processo di apprendimento e la necessità di auto-autorizzare la possibilità di continuare in un contesto più ampio e meno protettivo l'azione di scoperta individuale vissuta in aula.

La continuità ci dà le radici.
Il cambiamento ci regala i rami,
lasciando a noi
la volontà di estenderli
e di farli crescere
fino a raggiungere nuove altezze[17]

---

[16] Noi siamo fortemente convinte, e lo facciamo con noi stesse ogni volta, che a ogni aula condotta il formatore dovrebbe rinnovare a sé stesso la propria scelta di essere lì e di voler fare davvero quel mestiere. Il formatore apprende sempre dall'aula. [NdR]

3. IL PATTO FORMATIVO: È INUTILE, È UN'ABITUDINE O È UN RITO?

*Chi ben comincia
è a metà dell'opera!*
(Saggezza popolare)

A tutti i Formatori alla Sicurezza capita spesso, troppo spesso, di fare aula a gruppi di lavoratori annoiati, stanchi, disinteressati, che piuttosto di stare seduti ad ascoltare un "tecnico" non vedono l'ora di tornarsene a lavorare. Eh sì, perché sono ancora molti a pensare che partecipare ad un corso di formazione, perlopiù sulla sicurezza al lavoro, sia inutile, una formalità, e soprattutto non sia un'attività di vero e duro lavoro!

Eppure, quando si ha l'opportunità, il tempo, la fortuna, o, peggio, la "giusta aula" per poter iniziare un corso in maniera diversa, facendo "qualcosa di strano", che so ... un giochetto, che poi diciamocelo è poco più di un giro di tavolo, ecco che accade una cosa veramente strana: ne usciamo tutti distrutti, docente e corsisti, arriviamo alla pausa caffè esausti dal lavoro fatto ma inspiegabilmente soddisfatti,

---

[17] P.R. Kezer, uomo politico statunitense, ex Segretario di Stato del Connecticut.

divertiti, e soprattutto incuriositi di vedere come va avanti! Non è questa una magia?

Ora, lontane dal voler presentare il patto formativo come il coniglio da tirar fuori al momento giusto, riteniamo che un'apertura d'aula appositamente progettata rappresenti un'ottima opportunità per rianimare una formazione alla sicurezza piatta, svalutata e poco incisiva.

A nostro avviso, il patto formativo non solo è utile, ma è necessario, anzi sarebbe auspicabile che ogni formatore progettasse i propri rituali di apertura e che questi diventassero un'abitudine[18].

---

[18] Nei miei corsi di formazione formatori alla sicurezza spesso invito i colleghi d'aula a sviluppare una personale strategia di comunicazione del rischio multilivello e multicanale, che sono solita chiamare "GET THE MESSAGE", che contempla anche l'individuazione di un messaggio K (costante) da utilizzare in apertura di qualsiasi corso di formazione, indipendentemente dal suo specifico contenuto didattico, per veicolare un proprio personale messaggio culturale in tema di prevenzione dei rischi, focalizzare l'attenzione del gruppo sul tema del giorno inserendolo in una contesto più ampio e avviare una riflessione sul senso della formazione specifica e del suo trasferimento nel proprio quotidiano. [ndr E. Maier]

3.1. Genesi di un apprendimento autodiretto, condiviso e facilitato

Non abbiamo una seconda occasione per fare una buona prima impressione!
(Oscar Wilde)

Quando gli "esperti" si confrontano su come rendere maggiormente permeante la formazione in tema di salute e sicurezza al lavoro (SSL), solitamente emergono almeno tre considerazioni tra loro correlate:

1. la motivazione all'apprendimento nell'adulto;
2. l'influenza della dimensione sociale nella dinamica di apprendimento;
3. il ruolo del formatore.

Sappiamo ormai tutti che la motivazione dell'adulto ad intraprendere un processo formativo è favorita soprattutto dalla convinzione dei vantaggi che questo apporterà alla propria vita quotidiana.

In base alla nostra esperienza, sono ancora molte, troppe le aule che si aprono sistematicamente con lunghi monologhi normativi, richiami a scenari catastrofici, appelli astratti ad un generico senso di responsabilità.

Focalizzando l'apertura del discorso formativo su messaggi che, seppur da angola-zioni diverse, sfociano tutti in slogan del tipo "ricordati che (NON) devi morire" si possono correre almeno due ordini di rischio:

- dal un lato il pericolo è di attivare processi di dissonanza cognitiva[19] che, come nel caso della Volpe di Fedro davanti all'uva, non favoriscono l'ascolto attivo o, cosa peggiore, riducono la percezione del rischio[20];
- dall'altro quello di far passare retromessaggi fuorvianti, che possono fortificare negli uditori le resistenze al cambiamento anziché abbatterle.

Passiamo alla seconda considerazione.

Nell'era delle Comunità di Pratica e dell'Apprendimento Situato[21] il "gruppo aula" crea quella cornice partecipativa all'interno della quale le persone cooperano e interagiscono, generando esperienze concrete dalle quali scaturiscono nuova conoscenza e nuovi comportamenti.

---

[19] Festinger L. (2010). *Teoria della dissonanza cognitiva.* FrancoAngeli Ed.

[20] Lima M.L. (2004). *On the influence of risk perception on mental health: living near an incinerator.* Journal of Environmental Psychology, 24, 71–84.

[21] Lave J., Wenger E. *L'apprendimento situato, dall'osservazione alla partecipazione attiva nei contesti sociali.* Erickson, 2006.

I principi di fondo dell'apprendimento situato sono:

- la conoscenza deve essere presentata in un ambiente realistico, dove tipicamente quel tipo di conoscenza è richiesto;
- l'apprendimento si verifica come funzione dell'attività, del contesto e della cultura in cui avviene;

L'apprendimento autentico in cui giocano un ruolo centrale non tanto il trasferimento e l'assimilazione di nozioni, teorie e informazioni, quanto i processi di partecipazione, appartenenza, impegno, inclusione e sviluppo di una nuova identità, quella che Leave e Wenger definiscono *partecipazione periferica legittimata*.

Così, quando i principianti ad un corso di formazione smettono di essere singoli individui periferici in ascolto di un docente ed entrano al centro della comunità di pratica, diventano più attivi e assumono su loro stessi il ruolo di esperti.

Il gruppo aula deve quindi essere considerato e utilizzato come un vero e proprio strumento di didattica attiva, e grazie ad una gestione efficace del patto formativo si possono creare i presupposti per attivare i processi di interazione da cui evolve la comunità di pratica. Su questa considerazione avremo modo di tornare a lungo successivamente.

Ma allora, in una Weltanschauung della formazione in cui i principali artefici dell'apprendimento diventano i partecipanti stessi,

cosa ne è del buon caro formatore?

A nostro avviso, il destino ci riserva un ruolo meraviglioso, che richiede un profondo cambiamento di prospettiva, o come abbiamo imparato a dire: un cambiamento di posizione!

Da "Form-Azionatore"[22] a Demiurgo della formazione!

Nel pensiero di Platone, infatti, il Demiurgo è la figura senza la quale "è impossibile che ogni cosa abbia nascimento"[23], una forza ordinatrice che trasforma e rende vivida la materia (nella metafora della forma-zione: che svela i saperi), dandole forma e ordine per renderla "anima del cosmo" (conoscenza condivisa dalla comunità di pratica, niente altro che finalmente la sedimentazione della cultura della sicurezza).

Badate bene però: così come il Demiurgo di Platone non crea la materia, così …

---

[22] Quanti hanno avuto la sventura di stare in aula insieme a noi sanno che a volte ci piace giocare con le parole!

[23] Platone, *Timeo*, 28c.

il Facilitatore dà FORMA all'AZIONE
della Comunità di Pratica.[24]

Il formatore-Demiurgo, che crede nel potere generatore della formazione *peer-to-peer*, accoglie i Saperi proposti e creati dal Gruppo Aula, diventato Comunità di Pratica grazie anche alla gestione efficace del Patto Formativo, e riesce a compiere l'*insight*, quella sintesi[25] (non di genesi) atta rendere intelligibile significato ultimo di quanto creato dai partecipanti, dandone senso compiuto e condiviso.

---

[24] Vedi in questa collana, Rocco Vitale, Formazione, Formaggio, Il Labirinto di Dedalo, AiFOS, 2014

[25] Tratto da Wikipedia "Sintesi: in chimica sequenza di reazioni per ottenere un composto; in filosofia momento della riflessione strettamente connesso all'analisi". Ma la definizione che ci piace maggiormente è "Sintesi clorofilliana - insieme delle reazioni durante le quali le piante verdi producono sostanze organiche (Anima Mundi, Conoscenza, ndr) a partire da CO_2 e dall'acqua in presenza di luce".

3.2. OK Prof! Belle parole, ma poi …

*L'unico modo per iniziare a fare qualcosa
è smettere di parlare e iniziare a fare"*
(Walt Disney)

Tutti siamo d'accordo con queste considerazioni.

Tutti professiamo modelli didattici coerenti con gli assunti di base dell'*Action Learning*, del *Cooperative Learning*, del *Situated Learning*, e altri slogan del genere.

Ma la vera domanda è:

*Noi, Formatori Qualificati, quanto ci
crediamo?*

Beh, a giudicare da quello che alla fine del salmo accade *ipse factum* nella maggior parte dei corsi di formazione in tema di "ottantuno" verrebbe da rispondere: poco o nulla!

Questa non vuole essere una provocazione, ma una riflessione su quanto ancora dobbiamo *qualificarci nell'animo*, e uscire per primi dalla zona di comfort!

Forse vale la pena chiedersi - e risponderci - quanto davvero le nostre aule, per come le abbiamo progettate[26], siano in grado di inci-

---

[26] Ricordiamo che gli elementi fondamentali di una progettazione formativa sono l'analisi del fabbisogno

dere concretamente sulla percezione di utilità che i nostri uditori hanno delle cose che diciamo loro.

Chiediamoci cosa effettivamente facciamo per evitare che i corsisti siano lasciati soli nel loro *banchino* scomodo a ricevere nozioni teoriche presentate in forma astratta.

Chiediamoci perché ieri, l'altro ieri, nel nostro ultimo corso abbiamo inserito a programma almeno un'azione, appositamente progettata e adeguatamente strutturata, didatticamente finalizzata a s-mobilitare le energie dei nostri uditori, per utilizzare la loro esperienza alla stessa stregua del D.Lgs. 81/08?

Conosciamo tutti molto bene le risposte che vanno per la maggiore.

- I datori di lavoro non ce lo consentono.
- La Sicurezza non è roba da giochetti.
- Non ci sono soldi per fare "questo tipo" di formazione.
- Come si può fare un *role playing* nel corso per VDT !?!?!?
- La formazione con la F maiuscola si può fare solo quando si tratta la "comunicazione".

---

formativo, il macroprogetto e la microprogettazione delle unità didattiche, la valutazione dell'azione formativa.

- *Inserite voi un'altra risposta*

    ....
    ....
    ....
    ....……
    Ma non è che per caso sono tutti alibi?

Non è che, la buttiamo lì, la causa dell'*empasse* non risieda nelle *cose* che si possono fare o meno in un'aula sulla SSL, quanto piuttosto nel *coraggio* di decidere finalmente di farle?!

3.3. Kaizen docet - piccoli mattoncini per un grande patto

> *La semplicità è più difficile*
> *da raggiungere rispetto alla complessità.*
> (Steve Jobs)

Probabilmente vi state chiedendo cosa c'entra Kaizen in tutto questo? Presto detto: l'essenza del Kaizen è semplice e diretta.

Dal giapponese *kai* (continuo o cambiamento) e *zen* (miglioramento o meglio), solitamente col termine viene indicata una strategia manageriale volta al miglioramento lento e continuo, nella convinzione che tutto possa essere costantemente migliorato a piccoli passi.

Così, ci piace scomodare un concetto così alto e pregnante in tema SSL per proporre alcuni *piccoli passi*, piccoli mattoncini, che lemme lemme e senza grandi investimenti, a nostro avviso, possono esserci utili a costruire in noi quella spinta motivazionale ad uscire dalla *comfort zone* del nostro pacchetto formativo ormai rodato, superare le barriere della lezione frontale (ancorché intervallata da timide incursioni esperienziali), e approdare con maggiore sicurezza alla terra promessa del patto formativo!

1.° *mattoncino: minimizzare la dipendenza dell'aula dal formatore.*
2.° *mattoncino: estendere la dipendenza del formatore dal contenuto.*
3.° *mattoncino: avere il coraggio di mettersi in gioco.*
4.° *mattoncino: progettare, progettare, progettare il patto formativo.*
5.° *mattoncino: Inseritelo voi:*
   (..).

Dunque, partiamo dalla considerazione che appartenere ad un gruppo è un'esperienza che non solo tutti condividiamo, ma che contribuisce fortemente alla definizione dell'identità sociale di tutti noi.

Richiamando il principio fondante la teoria della Gestalt, possiamo dire che le dinami-

51

che di gruppo sono da intendersi come forze che agiscono in un *campo* dove ciascun individuo è fonte di azioni che modificano gli altri membri ed il gruppo, che così viene a sua volta modificato dalle altrui azioni e reazioni. In un corso di formazione si può pensare che il *campo gestaltico* sia dato dall'aula, la quale con la sua *forma* contribuisce a sostenere il processo di attribuzione di significato e dunque di apprendimento.

Ora, siamo tutti Formatori formalmente ben preparati in tema di allestimento dell'aula, ma quanto siamo preparati (e quanto ci crediamo davvero) a dare *forma psicologica* all'aula? Lewin[27] ci insegna che l'interazione tra la persona e l'ambiente determina il comportamento, e tale relazione vive in una dinamica interdipendente che mira a mantenere l'equilibrio. In quest'ottica il gruppo aula rappresenta il *campo sociale* in cui l'apprendimento semplicemente ACCADE, in cui il fatto di vivere un esperienza si riflette sull'esperienza stessa generando di fatto il cambiamento.

Allora torniamo a chiederci quanto nelle nostre aule siamo capaci di attivare e governare le dinamiche di gruppo, innescando processi di etero valutazione e confronto tra pari, favoren-

---

[27] Lewin, K. *Teoria del campo delle scienze sociali.* Selected Theorical Papers. (Handcover - 1951)

52

do l'emergere delle molteplici esperienze lavorative?

Lungi da noi il significare che per essere un buon formatore la preparazione tecnico-contenutistica sia una variabile residuale, tutt'altro[28], consideriamo la facilitazione del processo di apprendimento il terzo mattoncino necessario alla costruzione del famoso ponte formativo.

Il facilitatore non si limita a trasferire contenuti, non concede incursioni di interazione con l'aula, bensì governa il processo di apprendimento mediante un sistema di gestione che combini:

la dimensione contenutistica:
-   aiutando il gruppo a mettere a fuoco gli aspetti di merito della discussione (porre domande all'aula, attivare discussioni in sottogruppi, guidare l'analisi di autocasi, ecc.., ovvero tutte quelle azioni formative che inducono i partecipanti ad emanciparsi nell'autoregolare il proprio apprendimento[29], trovando da soli le risposte piuttosto

---

[28] Richiamando il modello Isfol delle competenze, consideriamo la preparazione tecnico-contenutistica del formazione una competenza basilare del profilo professionale.

[29] Zimmerman B.J. *a social cognitive view of self-regulated academic learning.* Journal of Educational Psychology, 81(3), pp. 329-339.

che cercare nel formatore soluzioni preconfezionate);

la dimensione socio-affettiva della dinamica di
gruppo:

- in primo luogo, agevolando il decentramen-
to dei punti di vista (insinuazione del dubbio per invitare a non fidarsi delle proprie
impressioni, fare emergere le mappe mentali implicite, stimolare la riflessione sui presupposti che vengono dati per scontati); favorendo l'ascolto reciproco (che richiede
spazi e tempi adeguati, attenzione alla comunicazione non verbale e alla prossemica); gestendo le eventuali dinamiche conflittuali (saper riconoscere il conflitto senza
averne paura e considerare l'antagonista
come un partner che ha la nostra stessa di-
gnità).

Sì, ok prof., gran belle parole, ma è
davvero convinta
che si possa fare, e soprattutto
concretamente come si fa?

Quando i colleghi in aula ci pongono
queste domande, più o meno seriamente inte-

ressati ad aver una risposta, la tentazione di interrompere l'ascolto attivo[30] è in noi forte.

In questo campo non esistono ricette standard, non sappiamo e non vogliamo fornite soluzioni astratte preconfezionate da "inculcare nelle menti altrui". Sarebbe come vanificare tutto il discorso fatto fin qui.

Poi recuperiamo la terza posizione, chiediamo ai nostri interlocutori di ripensare alle loro aule, alle emozioni di entusiasmo e di frustrazione provate, li invitiamo a identificare bene cosa stava accadendo in aula, (Azione Formativa spesso spontanea ma non *spintanea*) che stavano mettendo in scena in quel momento. Spesso, troppo spesso, riscontriamo che l'emozione di entusiasmo si associa a esperienze di formazione attiva estemporanee, non inserite cioè in una progettazione di micro, e dunque difficilmente incisive.

E qui casca l'asino, viene proprio da dire.

La risposta nell'ottica Kaizen è presto data: iniziamo semplicemente a progettare, e poi attuare, attivazioni d'aula piccole ma ben dotate di scopo formativo, da mettere in campo all'inizio della giornata, e perché no altre da

---

[30] Sclavi M. *Arte di ascoltare e mondi possibili. Come si esce dalle cornici di cui siamo parte.* Bruno Mondadori: 2003.

inserire a chiusura della stessa, piccole Azioni Formative mirate alla gestione della dimensione socio-affettiva che facciano sentire la persona partecipe, anzi artefice del proprio apprendimento, scelte, badate bene, con la piena consapevolezza della loro utilità!

Nell'ottica Kaizen, il patto formativo consente dunque di migliorare il processo formativo:

- riducendo gli sprechi (conflittualità nel gruppo e tra gruppo e formatore; perdite di concentrazione e ascolto attivo; dispersione dei contributi individuali);

- avviando l'innovazione del processo (ad esempio arricchimento del contenuto didattico con le esperienze individuali, produzione di "altre visioni" a seguito dell'interazione col gruppo possibile solo grazie all'affiatamento creato);

- garantendo la partecipazione della base (il Gruppo Aula);

- riducendo i costi dell'intervento (ad esempio il tempo necessario alla conduzione del de-briefing di un'attivazione esperenziale).

4. GRUPPO CHE APPRENDE, GRUPPO CHE INSEGNA

Se è pur vero che
ogni gruppo è un'aggregazione di individui,
ogni aggregazione di individui
non rappresenta necessariamente un gruppo!
(McGrath[31])

Possiamo adesso condividere che il Gruppo Aula da un lato è una fonte inesauribile di apprendimento poiché fornisce contenuti didattici (le esperienze di ciascuno sono casi reali di buona o mala pratica su cui attivare un processo di analisi e soluzione), dall'altro è una inevitabile fonte di energie propulsive che influenzano, nel bene o nel male, il processo di apprendimento in aula come nella vita quotidiana.

Per far sì che le "dispense didattiche umane" si aprano al racconto pubblico delle singole esperienze soggettive, e che nel *campo sociale* del gruppo aula si attivino dinamiche positive all'apprendimento, è necessario una salda capacità di governo da parte del facilitatore.

---

[31] McGrath, J.E. *Groups: interaction and performance.* Prentice-Hall 1984

A questo punto, però, riteniamo necessario soffermarci un attimo su cosa sia effettivamente un Gruppo Aula.

Tutti conoscono il significato del termine "gruppo", e può sembrare banale chiedersi cosa si debba intendere con il termine "aula".

Ma è davvero così?

L'essere un Gruppo implica tra gli individui, che fanno parte dell'aggregazione sociale in oggetto, vi sia una reciproca consapevolezza e un potenziale di interdipendenza tali da orientare i loro comportamenti verso uno scopo comunemente perseguito. Insomma, persone che condividono il perché ed il per come appartenere tutti al medesimo gruppo, e che in ragione di ciò interagiscono tra loro in maniera coordinata e continuativa per arrivare alla stessa meta.

Veniamo al concetto di aula. Come precedentemente condiviso, quando siamo nell'ambito della FormAzione, il concetto di Aula non deve essere limitato all'ambiente fisico, ancorché idoneamente allestito e attrezzato, all'interno del quale avviene un discorso formativo. Abbiamo abbondantemente chiarito e condiviso, speriamo, i concetti *di campo sociale* e *conoscenza situata*.

Non avendo trovato, sicuramente per nostra mancanza, in letteratura una chiara e universalmente condivisa definizione del concetto di *"gruppo d'aula"*, ma convinte che a volte definire bene può essere utile, prendiamo coraggio e ci azzardiamo a fare una nostra proposta:

Gruppo Aula è:

*un insieme di persone che si trovano
in una situazione di apprendimento,
che si percepiscono come significative
allo scopo formativo perseguito
individualmente,
che si riconoscono reciprocamente una valenza
positiva al raggiungimento
dell'apprendimento desiderato,
che a tale scopo interagiscono tra loro
attivando dinamiche socio emozionali
nel corso della performance.*

Se concordiamo con questa definizione, viene spontaneo chiedersi in quante delle nostre aule fisiche si è realizzata questa desiderata congiuntura astrale? Probabilmente in poche, forse troppo poche.

E quindi cosa possiamo fare?

La risposta è: inserire nelle nostre progettazioni formative vere e proprie unità didattiche aventi lo scopo di accompagnare le persone sedute nel "banchino" davanti a noi verso un processo di integrazione propedeutica a dare effettività alla formazione che stiamo per attuare.

A questo scopo può venirci in soccorso Tuckman[32], uno dei principali studiosi dei gruppi sociali, il quale ci ricorda che qualsiasi insieme di persone si trovi a condividere un campo sociale (nel nostro caso l'aula) attraversa un processo evolutivo che lo porta, o meno, a diventare un vero e proprio gruppo.

Per poter facilitare al meglio questo processo di sviluppo, e favorire la creazione di gruppi aula che possano proficuamente lavorare insieme nell'autodeterminazione del proprio apprendimento, il bravo formatore deve imparare a governare i cinque stadi caratterizzanti questo processo di evoluzione: *forming, storming, norming, performing ed adjourning*.

4.1. Forming – aiutati che il rito ti aiuta

Siamo arrivati in aula, c'è già qualcuno seduto, pian piano arrivano gli altri, qualcuno si conosce, altri si guardano in giro con emozioni variegate: curiosità, perplessità, ansia, incredulità, fastidio, indifferenza …

Tuckman lo chiama *forming*, il momento in cui quello che si spera diventerà un gruppo

---

[32] Tuckman, B. W., *Developmental sequence in small groups*. Psychological Bulletin, Vol 63(6), Jun 1965, 384-399

aula, è ancora un nugolo di individui che si trovano insieme ad altri[33] chiedendosi silenziosamente: che ci faccio io qui? Che ci fa lui/lei qui? Cosa succederà? Boh, nel dubbio vediamo il Docente …

Curiosa la coincidenza del termine "formazione" con la traduzione di "forming", non trovate?

Viene quasi da pensare che per fare formazione si debba governare al meglio questo primo momento!

In questa fase i partecipanti fanno la prima esperienza del gruppo aula nel quale sono stati introdotti, volenti o nolenti.

Tutti hanno ipotesi, ma nessuno ha ancora chiarito il *frame*, il senso dell'essere tutti qui oggi. Come spesso accade quando non siano dichiarati i rispettivi ruoli e le aspettative reciproche, i componenti di un gruppo embrionale tendono a dipendere dal leader (si presume il formatore, sempre che non intervenga subito un "antagonista imprevisto"), a non creare relazioni trasversali, a rimanere una posizione passivamente ricettiva.

Cosa ne sarà dunque del nostro scopo trasformativo?

---

[33] Badate bene anche se questi si conoscono, e magari fuori dall'aula sono un gruppo con la G maiuscola, qui nella fantomatica Aula le cose cambiano! Il gioco è un altro! Si ma qual è?

Gli scenari di rischio sono molti!

Può accadere che i partecipanti si arenino in questa condizione di deferenza psicologica, senza dare avvio al processo creativo e generativo di apprendimento.

Può accadere che un docente particolarmente carismatico, o timido, non si accorga di questa *impasse*, assuma di istinto un ruolo di *leadership autocratica* e ulteriormente limiti il realizzarsi della comunità di pratica, con quanto ne consegue.

Può accadere che:

Inserite voi:

....

.........................……..........................

Il buon formatore, invece, può facilitare fin dall'inizio la buona riuscita di questo stadio attuando un patto formativo che aiuti i partecipanti a fare conoscenza e prendere coscienza del senso dell'incontro.

Il patto d'aula, però, non deve essere ridotto ad un momento istituzionale e fine a se stesso. Della serie, se l'ha fatto il mio collega nell'incontro precedente … buona camicia a tutti!

In questa fase assumono grande rilievo alcune modalità rituali di presentazione al gruppo[34], che non solo ottimizzano lo scambio di informazioni sociali e lo strutturarsi delle relazioni, ma hanno anche e soprattutto la *meta funzione* di ridurre l'ansia di stato. Il formatore dovrà sottolineare adeguatamente l'importanza di accogliere in un contesto relazionale una persona che potrebbe essere disorientata dalla nuova situazione in cui sta entrando. Tutti i partecipanti, a prescindere dall'esperienza iniziale, dovranno essere accolti ed aiutati a *"mettersi in gioco"* fin dal primo incontro. Pertanto è importante strutturare con precisione l'attività di conoscenza, affinché sia anche un vero e proprio momento formativo di sperimentazione di tecniche e metodologie per favorire il "riscaldamento" iniziale. Ha lo scopo di agevolare la costituzione di un campo di fiducia che deve essere inteso come base di partenza per qualsiasi esperienza.

In questa fase è dunque fondamentale una efficace gestione dell'*asse del contenuto* (cfr. par. 2). Più sarà solida la cornice dell'esperienza (il contenitore del gruppo, il campo aula) più il gruppo si sentirà libero di agire, cogliendo a pieno le possibilità offerte dall'esperienza stessa.

---

[34] Situazione minima di efficacia da ritenersi "cogente": fare la reciproca conoscenza dicendo il proprio nome ed esprimendo le proprie aspettative, condividere l'agenda della giornata e le regole di buona convivenza.

Il patto d'aula incide essenzialmente sul *Forming* ma getta le basi in maniera massiccia sulle capacità di gestione dei conflitti e sulla capacità di creare velocemente interdipendenza e integrazione.

4.2. Storming – chi si scontra si incontra!

Una volta negoziati e condivisi il chi, come, quando e perché dello stare nel Gruppo Aula (d'ora in poi detto anche "GA"), i partecipanti sono pronti alla tempesta. È infatti questo il clima del gruppo in questa fase, caratterizzata dalla competizione per lo *status* individuale.

Rassicurati sui ruoli assegnati e informati sui confini entro i quali ci si muove, è cosa naturale e prevedibile che si attivino tra i partecipanti dinamiche socioaffettive conflittuali, finalizzate a ridefinire le regole del gioco in base ai propri bisogni, alle esigenze e alle aspettative individuali.

In questa fase, infatti, il GA è ancora in una fase embrionale, la posizioni dei singoli predominano ancora sulla dimensione collettiva.

Gli individui sono ancora concentrati sulle posizioni personali, esprimendo l'innata tendenza all'autoaffermazione, attraverso manifestazioni di conflittualità più o meno manifesta (o latente):

- messa in discussione dell'autorità del docente (leader formale)
- reticenza ad eseguire il compito assegnato
- diffidenza alla formazione del gruppo
- reticenza alla condivisione della propria esperienza personale
- Inserite voi:
    ....
    ....

Il facilitatore può nuovamente trovare nella gestione del patto formativo uno strumento di leadership utile ad ammorbidire il manifestarsi di questi "sintomi".

Attenzione alla possibilità che la crisi si verifichi in maniera implicita.

Diventa assolutamente strategico, come già detto nei paragrafi precedenti (cfr. par.2.2), attuare un'alleanza generativa atta a tirar fuori (arte maieutica) il bello ma anche il brutto di ciascun partecipante, per depotenziare le aree killer e ridurre il rischio che queste, restando silenti per l'intero corso, scoppino proprio alla fine quando cerchiamo di trarre le conclusioni del nostro discorso formativo.

Individuare azioni formative finalizzate fin dai primissimi minuti di lezione ad accompagnare i partecipanti a riconoscere un utile nel confronto delle diversità di esperienza e competenza che ognuno è chiamato a mettere sul tavolo dell'apprendimento collettivo, favorisce la catalizzazione delle dinamiche conflittuali verso un confronto-scontro positivo e consente al gruppo di entrare in un rapporto di reciproco *empowerment*.

Cruciali in questa fase di governo le competenze di empatia, ascolto attivo, incisività, energia, carisma. L'attenzione al processo richiede la "coloritura" delle parole dette, per adeguarle alle persone che condividono con noi l'esperienza formativa, affinché

ognuno possa sentirsi speciale
e compreso
dal e nel Gruppo Aula!

4.3. Norming – patti chiari amicizia lunga

Se abbiamo fatto bene il nostro lavoro, abbiamo fatto un duro lavoro e può essere ed è utile anticipare la pausa caffè!

Al rientro vedrete che gli animi si sono calmati, si è ristabilito un clima positivo nei confronti del gruppo, le energie collettive si sono attivate e il GA è pronto a condividere e interiorizzare le regole del gioco.

Siamo tornati a bomba? Alla casella "patto d'aula" come nel gioco dell'oca? No, siamo semplicemente riusciti a dare effettività al patto stesso, a far sì che questo non si risolva in un vuoto rituale, in un'abitudine formale, che altrimenti condivideremmo con quanti lo ritengono una perdita di tempo prezioso per parlare di Contenuti.

Dunque trasponendo il pensiero di Tuckman alla formazione, il GA adesso è coeso, impegnato a far funzionare il gruppo, a darsi spontaneamente norme per regolare le relazioni tra i partecipanti; si osserva una libera circolazione di informazioni, ed una fiducia reciproca in generale.

Come siamo sicure di questo?

Provate a pensare a quando avete agito una di fatto un buon patto formativo. Cosa è successo dopo? Intendiamo, ovviamente, riferisci a situazioni formative non frontali!

Vi è forse capitato di osservare che i singoli oltre a porre domande a voi si scambiamo apertamente commenti, pareri, esperienze, dubbi? avviando così Azioni Formative spontanee quali:

- discussione in gruppo;
- analisi di autocasi;

  inserite voi:

- ....
  ....

Vi è forse capitato che nel corso di una esercitazione in piccolo gruppo, una simulazione, un *role playing*, in cui avete dato consegne sommarie, il gruppo di lavoro si dato spontaneamente alcune regole per lavorare bene:

- chi tiene il tempo?
- chi trascrive i contenuti?
- chi governa i turni di parola?

  inserite voi:

  ....
  ....

Ecco! Se vi è capitato questo, probabilmente non solo siete stati bravi facilitatori di processi di apprendimento, ma provate sentimenti positivi e vedete negli occhi dei vostri colleghi d'aula l'*insight*!

4.4. Performing – dritti all'obiettivo formativo

Lo stadio del *"performing"*, o periodo della prestazione, caratterizza un GA ormai relazionalmente maturo e focalizzato sul compito.

Nel gruppo si instaura un modello stabile di relazioni interpersonali e di funzioni che consente ad ogni partecipante di lavorare in modo cooperativo e raggiungere gli scopi comuni.

In pratica, se ciò fa al caso vostro, osserverete nelle vostre aule persone concentrate, accaldate, corpi protesi gli uni verso gli altri in un magico gioco di prossemica[35], e soprattutto *performance* interessanti.

4.5. Adjourning – keep in touch & good luck!

Quante volte capita che il GA si attivi tardi, quando ormai manca poco tempo al termine del corso?

Quante volte capita che ci apriamo alla relazione con l'aula solo dopo un buon pranzo?

Quante volte capita che, rassicurati dal positivo clima d'aula e dall'aver già scorso 999 delle 1000 e oltre slide previste, e profusi di coraggio, proprio quando manca un'ora alla

---

[35] Hall. E.T. *La dimensione nascosta. Vicino e lontano: il significato delle distanze tra le persone.* Bompiani: 1968.

fine dell'incontro formativo[36] inseriamo a corsa un'attivazione di gruppo, una piccola cosa, giusto per distendere un po' la tensione e fare una incursione nel mondo della formazione esperienziale. Quante volte capita che, in questi casi, ci troviamo a chiudere in corsa perché, oh, non la finivano più di fare domande, esempi, di chiedere opinioni, ecc.

Quante volte capita che a corso terminato, tempo scaduto, alcuni partecipanti ci trattengono lì in un'aula piena di sedie vuote, ma badate bene di corpi in piedi.

Quante volte capita che i partecipanti si fermano fuori dal portone della sede formativa a chiacchierare un po'.

Cos'è questo?! È la difficoltà del GA a lasciarsi, a porre fine a un'esperienza gratificante.

Tuckman lo chiama "adjourning" e noi Formatori Qualificati è bene che iniziamo a pensare di gestirlo, magari con "patto di chiusura d'aula", perché siamo convinte che sia un'occasione meravigliosa per superare i limiti della formazione confinata alle mura dell'aula e lanciare un'ECO formativa là fuori, nella vita quotidiana, auto diretta dai lavoratori comuni, che sono diventati comunità di pratica.

---

[36] Ma tanto per fare un giochino di gruppo un'ora basta e avanza. No, non è così!!!!
Ma questo è un altro corso!

Forse questo è uno pensiero un tantino visionario, ma cos'altro si può fare promuovere la cultura della sicurezza?

inserite voi:

-   ....

    ....

> *"Sembra sempre impossibile*
> *fino a quando non viene fatto"*
> [Nelson Mandela]

5. È PIÙ SICURA UNA "TESTA BEN FATTA"

> *Non è la più forte delle specie che so-*
> *pravvive,*
> *né la più intelligente,*
> *ma quella più reattiva ai cambiamenti.*
> [Charles Darwin]

Com'è fatta una testa ben fatta?

In tempi non sospetti, correva il XVI secolo, un certo Michel Eyquem de Montaigne sosteneva la necessità di un sistema educativo che privilegiasse l'intelligenza sulla memoria, ritenendo che solo chi fosse dotato di spiritico critico avrebbe reagito adeguatamente (oggi diremmo in maniera competente) in tutte le circostanze. Invece di accumulare *saperi*, riempiendoci la testa di nozioni senza ragionare, ovvero senza assimilare razionalmente le conoscenze acquisiti in luoghi e tempi diversi, egli riteneva fosse più importante "sviluppare un'attitudine generale a porre e trattare i problemi" e disporre di "principi organizzatori che permettano di collegare i saperi e di dare loro senso".

Nei suoi *Saggi*[37] il filosofo racconta ad esempio il caso limite di quel signore che voleva farsi una cultura leggendo l'uno dopo l'altro, in ordine alfabetico, tutti i libri di una biblioteca.

Dunque, la testa ben fatta è quella dotata di spirito critico, la competenza che in seguito ricompare anche nel pensiero darwiniano di sopravvivenza!

Riprendendo uno dei più famosi aforismi di de Montaigne,

*"È meglio una testa ben fatta,
che una testa ben piena"*

Edgar Morin, filosofo e sociologo francese noto anche per la sua riforma epistemologica

---

[37] de Montaigne, M. E. (2012). *Saggi*. Bompiani Editore.

dell'insegnamento[38], che sprona tutti gli educatori a riappropriarsi del *pensiero della complessità*, a perseguire l'obiettivo di creare nei propri uditori anche, e soprattutto, la capacità di generare interconnessioni tra i saperi acquisiti. Come Morin, siamo assolutamente convinte che solo accogliendo in noi questa riforma programmatica e paradigmatica, che genera una nuova epistemologia della formazione in senso globale, potrà essere possibile vincere la sfida di integrare la complessità culturale che caratterizza il mondo moderno del lavoro, orientando verso salda e condivisa cultura della sicurezza.

5.1. *Formatori alla Sicurezza e sicurezza di formare*

> *Oggi*
> *è il domani di ieri*
> *e il ieri di domani.*
> [Anonimo[39] di 4 anni]

I temi dell'efficacia formativa e della certificazione delle competenze sono tutt'oggi al centro di un dibattito ancora in divenire.

---

[38] Edgar Morin, E. (2000). *La testa ben fatta. Riforma dell'insegnamento e riforma del pensiero.* Cortina Raffaello Editore.
[39] Per ovvi motivi!

Rileggendo le numerose codificazioni del concetto di competenza, ci sembra importante in questo contesto sottolineare quanto, sebbene la competenza implichi una volontarietà e intenzionalità, per essere tale essa deve necessariamente tradursi in azione concreta[40], e ciò è funzione direttamente proporzionale alla capacità dell'individuo di mobilitare la competenza stessa.

Se da un lato è assolutamente doveroso che il Formatore alla Sicurezza accompagni i lavoratori nel trovare nuovi contenuti da apprendere, e nel far ciò uno dei più importanti criteri di efficacia risiede nella progettazione di percorsi didattici mirati allo sviluppo di competenze (conoscenze e capacità) incentrate sulla dimensione cognitivo-comportamentale (*sapere* e *saper fare*), possono risultare superati *format* che si limitano ad agire una funzione strettamente informativa illuminando sul "come" dell'apprendimento e lascia nell'ombra il "perché" apprendere (*saper essere, saper apprendere* e *saper divenire*)[41].

Allora, se condividiamo il pensiero secondo cui il difficile è proprio mettere in pratica ciò che si è imparato, per rendere effettivo il

---

[40] Ratti, F. (1992). *Le competenze di successo.* Sistema Impresa, n.4.
[41] Bentivogli C., Vatani M., Marmo C., Morgagno D. (2013) *Le competenze invisibili: Formare le competenze che tutti cercano.* FrancoAngeli Ed.

potenziale formativo di un messaggio, occorre integrarlo con una comunicazione incentrata anche sulla dimensione qualitativa motivazionale dell'apprendimento. Diventa assolutamente strategico trovare "tempi e metodi" per facilitare ai partecipanti la riorganizzazione dei contenuti proposti in aula nel proprio bagaglio di crescita, nei propri schemi, atteggiamenti, sistema valoriale, nelle conoscenze pregresse e nelle proprie abitudini, ecc.

In questo, il Patto Formativo può essere utile ad "aprire le teste".

Il Patto Formativo consente in un qualsivoglia corso di FormAzione[42] di attivare le menti dei partecipanti (non a caso vengono chiamate *attivazioni*), a riscaldare lo spirito del Gruppo Aula (non a caso si chiamano attività di *warming-up*), a mobilitare l'energia volitiva verso un percorso di apprendimento collaborativo e auto diretto.

Ma cosa c'entra il Circo[43] in un corso di formazione sulla sicurezza?

---

[42] Vedi in questa collana, Sonia Colombo e Tiziana Ippoliti, FormAzione, AiFOS, 2014.
[43] Il riferimento è ad una particolare attivazione che solitamente utilizzo nei miei corsi (ndr E.Maier)

L'efficacia formativa può essere potenziata anche grazie ad Azioni Formative apparentemente lontane dal contenuto, ma volte a sviluppare la capacità dell'Aula di autoregolare l'apprendimento[44] poiché è in grado di contribuire a:

- attivare strategie di pensiero metacognitivo (memorizzazione, elaborazione, organizzazione del contenuto di apprendimento);
- promuovere la disposizione motivazionale ed affettiva (convinzioni motivazionali di autoefficacia, orientamento ad apprendere ed emozioni favorevoli al compito formativo[45]);
- mobilitare il comportamento volitivo favorendo l'autonomia dei partecipanti nel pianificare, controllare e strutturare ambienti (*campo psicologico* e *campo sociale*) favorevoli all'apprendimento, anche ricercando attivamente e proattivamente il sostegno del formatore e del gruppo, anche ...
- ... mettendo in atto comportamenti spontanei di riduzione delle distrazioni (o dei disturbatori) per mantenere alta la concen-

---

[44] Zimmerman B.J. (1989). *A social cognitive view of self-regulated academic learning.* Journal of Educational Psychology, 81(3), pp. 329-339.

[45] Bandura A. (1997). *Autoefficacia; teoria e applicazioni.* Edizioni Erickson.

trazione e l'impegno (partecipazione e responsabilità) nel partecipare al lavoro del Gruppo Aula.

Un patto formativo che accompagni tutto il percorso d'aula si dimostra utile anche a potenziare l'effettività formative poiché, collateralmente agli obiettivi formativi di un qualsivoglia di formazione "81/08"), contribuisce ad aumentare la capacità dei partecipanti di attivare il processo di *transfert* delle competenze acquisite.

5.2. SSSSShhhh: stiamo imparando ad imparare

Sapere
Saper Fare
Saper Essere
Saper Divenire

... ...

(Inserite voi)

La questione adesso è: avere o essere?

Possedere competenze, o essere competenti?

Alcuni di voi potranno pensare che questo dubbio non sia più attuale. Provate a pensare alla competenza dell'ascolto attivo[46]. Tutti i formatori, grazie ai corsi di "avviamento professionale", ormai conoscono le sette regole dell'ascolto attivo (*sapere*). Molti formatori, grazie alla varia e variegata offerta di corsi esperienziali sulla formazione formatori (???), si sono addestrati all'ascolto attivo (*saper fare*). Alcuni formatori, grazie alla loro buona volontà, hanno successivamente deciso di applicare l'ascolto attivo nelle loro aule (*sapere essere*).

Dunque, qual è il problema?

Beh, banalmente: quanti formatori hanno sistematicamente continuato ad applicare effettivamente e spontaneamente e trasversalmente alla situazione formativa l'ascolto attivo (*transfert* della competenza)? Intendiamoci, non solo nei corsi di "comunicazione"... Quanti hanno trasferito poi questo apprendimento ad altri ambiti di lavoro e di vita? Molti formatori saranno pure anche RSPP, lavoratori colleghi o superiori di altri lavoratori, parte di un team sportivo, di una nucleo familiare, amici o, vista la competenza presa ad esempio, "nemici" di qualcuno, ecc...

---

[46] Scalvi, M. (2003) *Ascolto attivo e mondi possibili. Come si esce dalle cornici di cui siamo parte*. Mondadori.

Cosa resta dunque della competenza
acquisita?

Un segmento, un mattoncino giocattolo, un coniglio da tirare fuori alla bisogna, se c'è tempo, se ci ricordiamo, se viene facile, bene, se ci sono le persone che ... ascoltano.

Ecco, che forse la logica sommativa del

SAPER + SAPER FARE + SAPER ESSERE = COMPETENZA

non sostiene l'apprendimento in maniera continuativa e pervasiva!

Si tratta dunque di iniziare, o tornare, a ragionare in termini di *processo* piuttosto che di *possesso* delle competenze, interiorizzando una nuova epistemologia della complessità formativa, che rende evidente la necessità di una nuova prospettiva, di una visione integrata, sistemica, ecologica dei Saperi. Urge l'esigenza di un nuovo agire formativo orientato a pratiche in grado di mobilitare anche e soprattutto il pensiero riflessivo sui contenuti appresi, per facilitare ai partecipanti di vivere significativamente l'esperienza di un qualsivoglia corso di formazione e rendere effettiva la formazione erogata.

La capacità di apprendere ad apprendere diventa è centrale nella prospettiva dell'apprendimento permanente (Lifelong Learning).[47]

Beateson[48] come già sapete, la chiama *deutero apprendimento*, quella forma di conoscenza estremamente interessante perché riferita non a singole unità di apprendimento, ma alla formazione delle rappresentazioni e delle aspettative che il soggetto elabora in riferimento alle situazioni future, quelle che devono ancora accadere, fuori dall'aula.

Altrimenti si rischia di cadere in ragionamenti trappola, abbandonandoci con leggerezza a false convinzioni che possono tradursi in pratiche formative sommarie il cui potenziale nocivo però (riduzione dell'effettività formativa) è di fatto elevato.

Vediamo alcuni esempi[49].

---

[47] Alberici A. (2004). *Prospettive epistemologiche, soggetti, apprendimento, competenze"*. In Demetrio, D., Alberici, A. (2004). *Istituzioni di Educazione degli Adulti.* Guerini e Associati.

[48] Bateson G. (1942), *La pianificazione sociale e il concetto di deutero-apprendimento.* In *Verso un'ecologia della mente.* Adelphi, Milano 1972, op. cit.

[49] Hattie, J. (2009). *Visible Leraning: A synthesis of over 800 meta-analyses relating to achievement.* London, Routledge.

Situazione 1

Slogan Falso: "Si impara se si lavora in gruppo".

Slogan Vero: "Si impara se si lavora in gruppo, a patto che il gruppo abbia chiari e condivisi i propri obiettivi e ruoli".

Non è forse questo un chiaro rimando a quanto ci siamo detti a proposito delle fasi di sviluppo del Gruppo Aula e di quanto il patto formativo può supportare il positivo evolvere di questo processo?

Situazione 2

Slogan Falso: "Si impara dall'esperienza".

Slogan Vero: "Si impara dalla riflessione sull'esperienza".

Quanti di voi, sulla base di questa sintetica frase hanno a volte messo in campo giochi formativi senza però dare il giusto spazio (spesso anche 1h) alla fase del *de-briefing*? È solo grazie all'azione riflessiva sul compito, e non sull'analisi della soluzione del compito, che si dà FORMA all'AZIONE![50]

Il patto formativo contribuisce dunque, a generare le precondizioni affinché il Gruppo

---

[50] Ma questo è un altro corso!

Aula sia capace di mobilitare con energia volitiva strategie di pensiero riflessivo.

In questo senso, sposando la visione "leboterfiana"[51], il patto d'aula consente di garantire maggiore effettività alla formazione proprio perché mira a potenziare la competenza di produrre riflessività sull'esperienza formativa e, conseguentemente, di trasferirla ad altri contesti tale riflessione e rappresentazione dell'esperienza fatta. E vi riesce perché consente al formatore di:

- mettere al centro del processo formativo la soggettività dell'individuo che apprende, nonché
- incoraggiare e sostenere il gruppo verso l'autonomia e l'autoregolazione dell'apprendimento.

**Aprire con una domanda e chiudere
lasciando il dubbio**

> *Quando insegni,
> insegna allo stesso tempo
> a dubitare su ciò che insegni.*
> (Jose Ortega y Gassett)

---

[51] Le Boterf G. (2008), Costruire le competenze individuali e collettive, Napoli, Guida.

Siete confusi? Perplessi? Disorientati? Infastiditi? Preoccupati?

Benissimo!!!! State uscendo dalla vostra di confort! State entrando nella zona del vero apprendimento!

E l'invito è quello di innescare anche queste emozioni in aula, dove spesso, troppo spesso, si siedono "automi antropomorfizzati" in cerca di modellini lineari, di univoca applicazione, che però, ahinoi, rassicurano!

Vivere un'esperienza formativa che inizia con queste premesse paradigmatiche può, è, deve essere disorientante. E qui trova finalmente il suo campo di azione il Facilitatore.

Accompagnate i vostri *learners* a perdere la retta via, prima di indicare loro quella giusta, e fateli ritrovare nella *selva oscura* del dubbio!

Aprite con una piccola azione la scatola cognitiva in cui gli individui, un'azione che sproni le persone a confrontarsi con i dubbi che abitano la loro mente, che li costringa all'esercizio del pensiero, della riflessione, del movimento di ricerca non di risposte ma di strategie di gestione del problema (*problem setting* anicché *problem solving*), sostenendole nel duro lavoro di costruzione del proprio apprendimento.

Il dubbio genera saggezza
(Cartesio)

Postfazione delle autrici, o chiusura d'aula che dir si voglia

È venuto il momento di salutarci.

La realizzazione di questo Quaderno per noi è stata un'esperienza assolutamente generativa e rigenerativa.

Il lavoro di aggiornamento e confronto che abbiamo fatto, ci ha dato l'opportunità di rimettere a fuoco convinzioni che in alcuni casi si erano sopite, di aggiornare e attualizzare in ulteriori riscontri scientifici le nostre pratiche d'aula, di riconfermare il piacere a lavorare l'una con l'altra nel perderci e ritrovarci in quest'occasione altamente formativa!

Speriamo che la lettura vi sia piaciuta e prima di lasciarvi al vostro lavoro vi chiediamo di scrivere almeno 5 motivi per i quali ritenete UTILE cambiare il vostro modo attuale di dare avvio alle vostre lezioni.

1………………………………………………….
…………………………………………………………
…………………………………………………………

2………………………………………………………
…………………………………………………………
…………………………………………………………

3...
....
....

4...
....
....

5...
....
....

*Fate voi il confronto con quanto scritto
all'inizio e traetene le vostre conclusioni!*

*Grazie dell'ascolto
Vanna & Elisabetta*

Allegato: Esercizio per i Lettori
Costruire un patto formativo

1. *Prendete una matita, o una penna se preferite.*
2. *Pensate ad un corso di formazione che avete tenuto recentemente.*
3. *Ipotizzate di essere arrivati circa dieci minuti prima dell'orario di inizio.*
4. *Provate a visualizzare la scena che vi si presenta in questi dieci minuti.*
5. *Provate a visualizzare i corsisti che stavano seduti davanti voi.*
6. *Li vedete? Li ricordate? Come erano? Molti o pochi? Prevalentemente uomini o donne? Giovani o maturi? Simpatici o sulle difensive? (...)*

Adesso disegnate nello spazio vuoto qui sotto la sagoma di un corsista che considererete paradigmatico di questo vostro corso[52].

Partendo da ciascun segmento corporeo, tracciate dei "callout" all'interno dei quali descrivete sinteticamente (un termine, un aggettivo, massimo uno slogan) quante più caratteristiche avete individuato all'interno del Gruppo Aula a cui avete pensato.

---

[52] Siccome ci riteniamo Facilitatori dell'apprendimento, per facilitare il compito vi proponiamo già una sagoma "ben fatta"!

Ecco! Questa è la vostra dote di partenza, assegnata dalla sorte e in base alla quale dovrete progettare un patto formativo.

Adesso aiutandovi con la griglia proposta, associate a ciascuna caratteristica le implicazioni che questa ha in termini di fabbisogno formativo; successivamente per ciascuna implicazione annotate l'azione formativa che decidete di attuare e dunque il corrispondente obiettivo didattico.

Caratteristiche	Implicazioni fabbisogno formativo	Azione didattica	Obiettivo Didattico
Es. Ciascuno ha una competenza			
1.			
2.			
3.			
4.			
Annotazioni sul materiale didattico necessario			

Adesso non vi resta che scrivere la storia del vostro patto d'aula, cominciando a dargli un titolo ...

....

....

....

Giovanna Alvaro

Membro del Consiglio Direttivo Nazionale Ai-FOS e Presidente del Comitato Donne "Sheri Sanji". Socio Fondatore e Direttore dell'Area Formazione & Sviluppo Organizzativo Trend Solutions, si occupa in particolare della progettazione e del coordinamento di progetti formativi complessi. È Formatore Senior per la Sicurezza certificato Cepas (N° Reg. 004). Psicologa Clinica specializzata in Programmazione Neuro Linguistica, iscritta all'Albo degli Psicologi della Regione Lazio e Psicologo registrato EuroPsy (Certificazione europea in Psicologia).

Elisabetta Maier

Formatrice progettista e consulente di direzione. Psicologa del lavoro e delle organizzazioni, dal 2000 opera come Process Counselor nell'ambito dello Sviluppo Organizzativo e della Promozione del Benessere al Lavoro in contesti pubblici e privati. Esperta in ergonomia e fattori umani, ha maturato una significativa esperienza in tema di prevenzione e gestione del rischio stress lavoro correlato, pubblicando buona parte delle consulenze effettuate con le maggiori case editrici di settore.

Collana AiFOS
"Imparare la Form-Azione"

FORMAZIONE E FORMAGGIO
IL LABIRINTO DI DEDALO
Due metafore per la formazione
Rocco Vitale

IL PATTO FORMATIVO
Imprinting del cambiamento
Elisabetta Maier e Giovanna Alvaro

LE MAPPE MENTALI
Il cambiamento organizzativo della sicurezza
Chiara Bellotti

VEDERE, SCRIVERE, DISEGNARE LA SI-CUREZZA
Una "rivoluzione" salverà la formazione
Veronica Pede e Claudia Cappuccio

FORM-AZIONE
Il formatore tra i formatori
Sonia Colombo e Tiziana Ippoliti

LE RESPONSABILITÀ DEL FORMATORE
ALLA SICUREZZA SUL LAVORO
Lorenzo Fantini

Finito di stampare nel mese di settembre 2014
in USA da LULU PRESS

per conto dell'editore
AiFOS
Associazione Italiana Formatori ed Operatori
della Sicurezza sul Lavoro
via Branze, 45 c/o CSMT, Università degli Studi di
Brescia
tel. 030.6595031- fax 030.6595040
C.F. 97341160154 – P.IVA 03042120984
www.aifos.it - editoria@aifos.it